Doug Fields

PREGUNTAS PROVOCATIVAS

PARA HACER HABLAR Y PENSAR A LOS ADOLESCENTES

T0058265

Doug Fields

PREGUNTAS PROVOCATIVAS

PARA HACER HABLAR Y PENSAR A LOS ADOLESCENTES

La misión de Editorial Vida es ser la compañía líder en satisfacer las necesidades de las personas, con recursos cuyo contenido glorifique al Señor Jesucristo y promueva principios bíblicos.

PREGUNTAS PROVOCATIVAS
Edición en español publicada por
Editorial Vida – 2012
Miami, Florida

Originally published in the USA under the title:
  Would You Rather...? 465 Provocative Questions to Get Teenagers
  Talking
Copyright © 1995 by Doug Fields
Published by permission of Zondervan, Grand Rapids, Michigan 49530

Traducción: *Esteban Obando*
Edición: *Florencia Himitian*
Diseño interior: *Juan Shimabukuro Design*

ISBN: 978-0-8297-6177-1

CATEGORIA: Ministerio juvenil/Iglesia y ministerio

Contenido

Reconocimientos **7**

La historia de *Preguntas Provocativas* **9**

Cómo usar *Preguntas Provocativas* **11**

Las preguntas **15**

Para Greg y Linda Vujnoc, muy buenos amigos, increíbles líderes juveniles, y el rey y la reina de «¿Qué prefieres?».

Queremos agradecer también a aquellos amigos que colaboraron con ideas para este libro, como: Heidi Brown, Nancy Davis, Cathy Fields, Jason France, Phillip Hamer, Dan Hamer, Cynthia Hammork, Tic Long, Jasmine Mohiuddin, Ken Robertson y Sabrina Scherf.

La historia de *Preguntas Provocativas*
(¿Qué prefieres?)

Era una calurosa noche de verano. Me encontraba sentado en un bote junto a 12 jóvenes. No había televisión, equipos de música ni teléfonos celulares. Así que pasamos un hermoso tiempo de conversación desde las 8 de la noche hasta las 2 de la madrugada. Fue una noche que jamás olvidaré.

Todo comenzó con la simple pregunta: «¿Qué prefieren: Coca Cola o Pepsi?» Mientras observaba la forma en la que estos jóvenes, comunes y apáticos, discutían apasionadamente acerca de la elección de la bebida gaseosa que debía tomar el otro, recuerdo que pensé: «Me encantaría que tuvieran una pasión por su fe como la que tienen por una bebida».

Luego, a fin de continuar con el debate, les pregunté: «¿Qué preferirían ser: ricos o famosos?». La reacción fue increíble. Hablamos, discutimos, nos reímos y discrepamos. Eso les ayudó a desarrollar aun más el proceso de toma de decisiones y apropiación de valores.

Y, desde aquella noche en el bote, aún hoy se siguen haciendo preguntas acerca de sus preferencias; son interrogantes que a veces no tienen mucho sentido; otros parecen tontos; otros, graciosos; otros, serios; y aun algunos intrigantes.

En este libro encontrarás diversas preguntas que te ayudarán a iniciar una conversación con tu grupo de jóvenes. Y mientras las lees, descubrirás cuáles son las más eficaces para ellos. También puedes crear muchas otras.

Subraya las que más te gusten, así podrás volver a ellas con rapidez.

Según mi experiencia, las preguntas que comienzan con la frase «¿Qué prefieres?» dan pie a comentarios graciosos que serán difíciles de olvidar.

¡Diviértete al hablar con ellos!

Doug Fields

Cómo usar *Preguntas Provocativas*

Cuando les hagas estas preguntas a los adolescentes debes plantearte los siguientes objetivos:

- Propiciar que todos hablen.

- Descubrir cómo llevan a cabo el proceso de toma de decisiones.

- Desafiarlos y animarlos a que respondan.

Y mientras les haces las preguntas, recuerda tener en mente lo siguiente:

Usa las preguntas correctas en los momentos adecuados

Algunas de las preguntas acerca de lo que ellos prefieren no tienen ningún valor significativo, por lo cual recibirás respuestas cortas y rápidas (por ejemplo, la número 101: «¿Qué prefieres: que te descubran cuando te hurgas la nariz o que accidentalmente te vean la ropa interior?»). Están diseñadas solo para «romper el hielo», y no requieren que les des un seguimiento más profundo.

En cambio, otras requerirán un acercamiento más profundo (por ejemplo, la número 247: «¿Qué prefieres: no tener valores o no tener amigos?»). Usa estas preguntas de forma inteligente cuando quieras llevar a los chicos a un momento de mayor reflexión, en el que puedan cuestionar sus creencias y opiniones.

Crea tus propias reglas

Algunas de las preguntas requerirán que les proveas información adicional o que las especifiques mejor. Por ejemplo:

– **Líder juvenil**: «¿Qué prefieres: ser rico o famoso?».

–**Joven**: «Esa es fácil. Preferiría ser famoso, porque al serlo, automáticamente sería rico».

– **Líder juvenil**: «Entiendo, entonces déjame replantearte la pregunta: ¿Qué preferías: ser rico sin la posibilidad de ser famoso, o ser famoso sin la posibilidad de ser rico?».

Cuando especifiques más, o agregues detalles a la pregunta inicial, inducirás a los jóvenes a pensar, lo que te proveerá información valiosa acerca de sus valores.

Puede que la pregunta tenga que ver con el bienestar económico de una persona, pero a través de ella podrás darte cuenta del valor moral que posee.

Presiónalos un poco

Probablemente algunos de los chicos (en especial los apáticos o aquellos a los que les cuesta tomar decisiones) responderán con un «Cualquiera de las dos» a tus preguntas, lo que constituye una salida fácil para ellos. Por eso, motívalos a que, aunque no tengan preferencia por ninguna de las dos opciones, de todas maneras escojan alguna. Una respuesta específica propiciará que el debate y la conversación continúen; lo que te permitirá, una vez más, saber lo que piensan.

Sé sensible

Sé sabio al escoger las preguntas que usarás. Si, por ejemplo, en el grupo hay un chico que tiene problemas de acné, jamás debes hacerle la pregunta número 94: «¿Qué prefieres: padecer un cuadro severo de acné o ser calvo?».

Las preguntas que hablan acerca de la apariencia personal de alguien tienen el potencial de marcar a los jóvenes de forma personal.

Clasifica las favoritas

Mientras lees el libro, anímate a subrayarlo y clasifica las preguntas según su tema específico. Por ejemplo, suelo escribir la palabra «risa» al lado de aquellas que sirvieron para que los chicos pasaran un rato entretenido.

Si, por ejemplo, una pregunta generó conversaciones profundas, escribo la palabra «profundo» junto a ella. Y si en algún momento discutimos acaloradamente acerca de algún tema, escribo junto a la pregunta la palabra «discusión». Así podrás volver a ellas de un modo fácil y rápido.

1

¿Qué prefieres ser: rico o famoso?

2

¿Qué prefieres: morir ahogado o quemado?

3

¿Qué prefieres: que tus amigos piensen que no tienes futuro o que eres débil?

¿Qué prefieres: robarle a una anciana o reírte escandalosamente en un funeral?

5

¿Qué prefieres tomar: Coca Cola o Pepsi?

6

¿Qué prefieres ser: hombre o mujer?

7

*¿Qué prefieres: ir de vacaciones a un camping
o alojarte en un hotel?*

8

*¿Qué prefieres: transpirar por hacer ejercicios
o a causa del calor?*

9

¿Qué prefieres: ver televisión o leer un libro?

10

¿Quién preferirías ser: el presidente de tu país o la persona más rica del mundo?

11

¿Qué prefieres: subir a una montaña rusa o a un toro mecánico?

12

¿Qué preferirías: que te digan que te asoma algo por la nariz o que tienes mal aliento?

¿Qué prefieres: tener la capacidad de volar o de desaparecer?

¿Qué prefieres: estar descalzo y pisar excremento de perro, o que un ave te ensucie la cabeza?

¿Qué prefieres: vestirte con ropa sencilla o elegante?

¿Qué prefieres: tener ampollas en los labios o heridas en los dedos de las manos?

17

¿Qué prefieres: tener diarrea o estar constipado?

18

¿Qué prefieres: que el director de tu colegio secundario te vea cuando te escapas de una clase o que tus compañeros piensen (equivocadamente) que estabas borracho en una fiesta del colegio?

19

¿Qué prefieres: caerte de un caballo o que un chico te golpee la cara?

20

¿Qué prefieres: renunciar a tu comida favorita para siempre o a ver televisión durante 2 años?

21

¿Qué preferirías: ser una persona saludable pero indigente, o tener SIDA y vivir en medio del lujo?

22

¿Qué preferirías: que te vaya mal en los negocios y terminar en bancarrota, o que te vaya mal en el matrimonio y terminar en un divorcio?

23

¿En dónde preferirías vivir: en _____ (una de las ciudades más importantes de tu país) o en _____ (otra de las ciudades más importantes de tu país)?

24

¿Qué prefieres: la comida mejicana o la china?

25

¿Qué preferirías: ser calvo o que te falten los dedos pulgares de las manos?

26

¿Qué prefieres: tener un pequeño tatuaje en la nuca o usar un piercing en tu nariz?

27

¿Qué prefieres: tener una cita romántica con la persona que te gusta o conocer en persona a tu héroe favorito?

28

¿Qué prefieres: hacer la cama o lavar los platos?

29

¿Qué preferirías: ser adicto a las drogas o al alcohol?

30

¿Qué prefieres: comer poco y quedarte con hambre, o comer mucho y enfermarte?

31

¿Qué prefieres: ser feo y tener muchos amigos, o ser atractivo y tener un solo amigo?

32

¿Qué preferirías: morir repentinamente y solo, o atravesar un período de enfermedad (muerte lenta) y estar rodeado de tus amigos y familiares?

¿Qué prefieres: que te muerda un tiburón o un perro pitbull?

¿Qué preferirías ser: un atleta conocido o un músico de rock famoso?

¿Qué preferirías: ser obeso o ser tan delgado que tengas apariencia de demacrado?

¿Qué prefieres: tener cabello lacio o enrulado?

¿Qué prefieres: tener fama de besar mal o de tener mal aliento?

¿Qué prefieres: hacer el ridículo frente a conocidos o ante desconocidos?

¿Qué prefieres: que tu jefe te trate bien siempre o que te aumente el salario un 5%?

¿Qué prefieres: comprar un auto fabricado en la China o en tu propio país?

41

¿Qué prefieres: despertarte con música o con una alarma?

42

¿Qué preferirías: trabajar en un circo o jugar al fútbol de forma profesional?

43

¿Qué preferirías ser: una estrella de cine o de televisión?

44

¿En dónde prefieres vivir: en el campo o en la ciudad?

¿Qué prefieres: viajar en tren o en avión?

¿Qué prefieres: caminar en la playa descalzo sobre arena caliente o que te tiren arena en la cara?

¿Qué prefieres: que te pateen en la entrepierna o que te golpeen la cara?

¿Qué prefieres: que te amputen el brazo o la pierna?

49

¿Qué prefieres: que la gente te tenga asco o miedo?

50

¿Qué prefieres: caerte de la bicicleta o chocar contra un árbol mientras haces ejercicios?

51

¿Qué prefieres: practicar patinaje sobre hielo o sobre asfalto?

52

¿Qué prefieres: conducir un auto de $30.000 dólares o recibir intereses bancarios por el mismo monto?

53

¿Qué prefieres escuchar por la radio: un programa de noticias o de música?

54

¿Qué prefieres comer: pastel (torta dulce) o helado?

55

¿Qué preferirías: ser nuevamente bebé o tener 50 años?

56

¿Qué prefieres: pagar una multa de $100 dólares o que se te extravíe ese monto de dinero?

57

¿Qué prefieres: usar una computadora IBM o una APPLE?

58

¿Qué prefieres: conducir un auto marca TOYOTA o AUDI?

59

¿Qué prefieres: tener calor o frío?

60

¿Qué prefieres: despertarte temprano o acostarte tarde?

¿Qué prefieres: beber de una botella o de una lata?

¿Qué marca de calzado deportivo prefieres usar: NIKE o REEBOK?

¿Qué preferirías: ser considerado rico y vivir en un país pobre, o ser considerado pobre y vivir en un país rico?

¿Qué prefieres: tener un gato o un perro?

¿Qué prefieres ver: una película de género dramático o una comedia?

¿Quién preferirías ser: Michael Jordan o la madre Teresa de Calcuta?

Si eres mujer, ¿qué prefieres tener: dolores menstruales o ganas de vomitar?

¿Qué preferirías: explorar las profundidades del mar o el espacio?

69

¿Qué preferirías: tener una enfermedad en la que debas permanecer en cama en tu casa por una semana, o en el hospital por 2 días?

70

¿En dónde prefieres nadar: en una piscina o en el mar?

71

¿Qué prefieres comer: un sandwich o una porción de pizza?

72

¿Qué estatura preferirías tener: 1,50 m ó 2 m?

73

¿A dónde prefieres ir: al cine o al teatro?

74

¿Qué preferirías: hablar durante una hora con un amigo que vive a 2000 km de distancia (al que nunca ves), o verlo en persona aunque sea por 5 minutos?

75

¿Qué prefieres: el yogurt o el helado?

76

¿Qué prefieres practicar: esquí acuático o en la nieve?

77

¿Qué preferirías tener: una cabaña en las montañas o una casa en la playa?

78

¿Qué prefieres: mentirle a un amigo o que un amigo te mienta a ti?

79

Si te cayeras, ¿qué preferirías: rasparte una rodilla o que se te haga un moretón?

80

¿Qué prefieres: tomar el helado en un cono (cucurucho) o en un vaso?

¿Qué preferirías: quedarte ciego o sordo?

¿Qué preferirías: que alguien te metiera un palillo de dientes en el ojo o que un caníbal te mordiera un dedo?

¿Qué prefieres: que la gente te conozca por tu apariencia o por tu personalidad?

¿Qué prefieres: comprarte ropa de oferta en medio de una muchedumbre o tener atención personalizada pero pagar el precio regular sin rebajas?

¿Qué prefieres ver: una película censurada por violencia o por lenguaje indecente?

¿Qué prefieres: tener un trasero grande o una enorme nariz?

87

¿Qué preferirías: quedarte encerrado en un ascensor o atascado en el tráfico?

88

¿Qué preferirías: morir de cáncer o de SIDA?

89

¿Qué prefieres: tener fiebre o gripe?

90

¿Qué prefieres: el helado de chocolate o de vainilla?

91

¿Qué preferirías: tener sextillizos (6 hijos) o ser estéril?

92

¿Qué preferirías: ser médico o abogado?

93

¿Qué prefieres: que te insulten o que te den una cachetada?

94

¿Qué prefieres: padecer un cuadro severo de acné o ser calvo?

¿Qué preferirías: ir a Disneylandia, o visitar a un amigo que vive en otro país al que no ves hace más de 5 años?

¿Qué preferirías: tener mayordomo o chofer?

¿Qué prefieres: ser rubio o moreno?

¿Qué prefieres: ser estudiante o profesor?

99

¿Qué prefieres: que te regalen $10.000 dólares, ó ganar $1.000.000 de dólares con tu trabajo y esfuerzo?

100

¿Qué prefieres: dormir la siesta en una hamaca en el jardín de tu casa, o en la playa?

101

¿Qué prefieres: que te descubran cuando te hurgas la nariz o que accidentalmente te vean la ropa interior?

102

¿Qué prefieres: leer el libro o ver la película de una historia que te recomendaron?

103

¿Qué prefieres: que te conozcan por tu inteligencia o por tu personalidad?

104

¿Qué prefieres: comer hígado o sushi?

105

¿Qué preferirías: tener excesivo cabello en la nariz o en las orejas?

106

¿Qué prefieres: encontrar un cabello o una cucaracha en tu comida?

107

¿Qué prefieres: que la gente cuente un chisme o que mienta acerca de ti?

108

¿Qué prefieres: arriesgar tu dinero o hacer inversiones seguras?

109

¿Qué prefieres: decirle a tu anfitrión que la comida no te gusta y no comerla, o comerla y aparentar que te gustó?

110

¿Qué preferirías: estar en la cárcel y tener la posibilidad de recibir visitas, o estar en una isla completamente aislado?

111

¿Qué prefieres: ver la salida o la puesta del sol?

112

¿Qué prefieres: comprar libros o discos de música?

113

¿Qué prefieres: ver una telenovela o burlarte de ella?

¿Qué prefieres: hablar en público en una fiesta concurrida o tener una conversación con dos personas?

¿Qué prefieres: que te castiguen físicamente o con alguna restricción?

¿Qué prefieres: tener más tiempo libre que dinero o más dinero que tiempo libre?

¿Qué prefieres: cenar en un restaurante aunque la comida no esté tan sabrosa o cenar en tu casa una rica comida?

118

¿Qué prefieres: ser recordado como un buen padre o como un buen hijo?

119

¿Qué prefieres: ser pintor o músico?

120

¿Qué prefieres: recibir la mejor educación o ser muy exitoso?

121

¿Qué prefieres: pertenecer al ejército y luchar en un campo de batalla, o trabajar en una oficina en el área de política?

122

¿Qué hubieras preferido: ser amigo de la madre Teresa de Calcuta o de Fidel Castro?

123

¿Qué prefieres: leer un libro de ficción o sobre casos verídicos?

124

¿Qué prefieres: reírte mucho un solo día a la semana o un poco todos los días?

125

¿Qué prefieres: hacer llorar a un niño pequeño o patear a un cachorrito?

126

¿Qué prefieres: ver 100 horas de programación infantil o un documental aburrido?

127

¿Qué prefieres: que crean que eres una persona tonta o serlo?

128

¿Qué preferirías: viajar a la luna o ser presidente por una semana?

129

¿Qué preferirías: hacer el gol que lleve a la victoria a tu equipo en la final de la copa mundial de fútbol, o ganar 10 medallas de oro en las olimpíadas?

130

¿Qué prefieres ver en la televisión: «reality shows» o comedias?

131

¿Qué preferirías: escribir un libro que se convirtiera en un éxito o salir en la portada de la revista más famosa del mundo?

132

¿Qué preferirías: desmayarte en el altar el día de tu boda y recuperarte en una hora, o descomponerte y vomitar en el altar y que la ceremonia continúe inmediatamente?

133

¿Qué preferirías: tener un accidente en el auto de tus padres o en el de tu hermano?

134

¿Qué prefieres: que te conozcan como una persona generosa o alegre?

135

¿Qué prefieres: hacer «bungee jumping» o tirarte desde un paracaídas?

136

¿Qué preferirías: abrirte la cabeza en un accidente o que te realizaran una operación sencilla por hemorroides?

137

¿Qué prefieres: que se arruine tu camisa favorita o derramar café en el traje de un extraño?

138

¿Qué preferirías: comerte una barra de jabón o tomarte una botella de jabón líquido?

139

¿Qué preferirías: sobrevivir luego de ser atropellado por un automóvil que va a 90 kilómetros por hora, o luego de caerte desde el piso décimo de un edificio?

140

¿Qué prefieres: tomar un café caliente bajo el sol del desierto o tomar un refresco helado en medio de una tormenta de nieve?

141

¿Qué preferirías: comprar un automóvil por ti mismo o recibir la ayuda de un experto pero fastidioso vendedor?

142

¿Qué prefieres: comer un sandwich de pescado luego de ir a bucear o una hamburguesa de res después de haber marcado muchas vacas?

143

¿Qué prefieres: comerte una galleta o la masa cruda de las galletas?

¿Qué prefieres: que te hagan un mal corte de cabello o tener un labio hinchado?

¿Qué preferirías: donar dinero a una secta o a una clínica en la que se practican abortos?

¿Qué prefieres: escalar una montaña o quedarte en tu casa a ver televisión?

147

¿Qué prefieres: quedarte en tu casa un día soleado o salir a pasear un día de lluvia?

148

¿Qué prefieres: comer una hamburguesa frente a un niño hambriento o destruir la autoimagen de un niño?

149

¿Qué prefieres: limpiar el garaje de tu casa o cortar el césped?

¿Qué preferirías: dar un discurso frente a 10.000 personas o ser arrestado frente a las cámaras de televisión?

¿Qué preferirías: traer cocaína a tu país de forma ilegal o traer inmigrantes ilegales?

152

¿Qué prefieres: tener una vida llena de buenos recuerdos o una llena de aventuras emocionantes que no puedas recordar?

153

¿Qué prefieres: ser conocido como una persona arrogante o como alguien en quien nadie puede confiar?

154

¿Qué prefieres: llegar a una fiesta media hora antes, o una hora y media tarde?

155

¿Qué preferirías: perder todas tus fotografías o todos tus ahorros?

156

¿Qué prefieres: tener dolor de estómago o de cabeza?

157

¿Qué prefieres: comer carne de res o de pollo?

158

¿Cómo prefieres la pizza: con masa gruesa o fina?

159

¿Qué prefieres: ver fútbol europeo o nacional?

Si fueras acróbata de un circo, ¿qué preferirías hacer: ser disparado por un cañón o caminar sobre una cuerda en las alturas?

¿Qué prefieres: nadar o ir de compras?

162

¿Qué prefieres: la bebida gaseosa común o la dietética?

Cuando estés esperando un hijo, ¿qué preferirías: saber con anticipación el sexo, o esperar a que nazca y te sorprenda?

164

¿Qué prefieres: hacer trampa en un examen y obtener la mejor calificación, o ser honesto y no aprobar?

165

¿Qué preferirías: que te capture un fantasma o un alienígena?

166

¿Qué prefieres: usar pantalones holgados o al cuerpo?

167

¿Cómo preferirías morir: solo y sin enemigos, o rodeado de gente pero odiado por muchos?

168

¿Qué prefieres: que un médico te coloque una inyección o que un dentista te coloque anestesia?

169

¿Qué preferirías: morir antes que tu esposo/a o después que él/ella?

170

¿Qué preferirías: ser un héroe nacional famoso o descubrir la cura contra el cáncer sin recibir ningún tipo de reconocimiento?

171

¿Qué preferirías: poder nadar como un pez o volar como un ave?

172

¿Qué prefieres: ser policía o bombero?

173

¿Qué prefieres: tener un cuerpo increíble o una mente brillante?

174

¿Qué preferirías: enterarte de que solo te queda un año de vida o morir repentinamente?

175

¿Qué prefieres: que tu pareja te traicione o ser tú el que traicionas a tu pareja?

176

¿Qué prefieres: comer hormigas cubiertas de chocolate o calamares con la misma cobertura?

177

¿Qué prefieres: correr una maratón de 42 kilómetros o participar de una competencia de natación de 8 kilómetros?

178

¿Qué prefieres: que se te rompa la cubierta del auto o quedarte sin gasolina?

179

¿Qué preferirías: ir a la cárcel de por vida sin la posibilidad de salir en libertad, o morir en una cámara de gas?

180

¿Qué prefieres: leer 500 páginas de la Biblia ó 100 páginas de la ley de las asociaciones políticas de tu país?

181

¿Qué prefieres: que te huelan los pies o las axilas?

182

¿Qué prefieres: decirle al chico/a con el que sales que tiene mal aliento o aguantar el olor?

183

¿Qué prefieres: comer un chocolate o una fruta?

184

¿Qué prefieres: tener mucha sed o muchas ganas de orinar sin la posibilidad de aliviarte durante una hora?

185

¿Qué prefieres: que los zapatos te aprieten o que una camisa te quede muy ajustada?

186

¿Qué prefieres: confrontar a alguien por una mentira que dijo, o hacer la vista gorda y olvidarte del tema?

187

¿Qué prefieres: escoger tú el anillo de bodas o que tu novio te sorprenda con uno a su gusto?

188

¿Qué prefieres: que te abucheen 50.000 personas en un estadio cuando estás jugando un campeonato deportivo o que te lo hagan en una reunión en tu escuela?

189

¿Qué prefieres: practicar un deporte o ser espectador?

190

¿Qué prefieres: que te grite un amigo o un extraño?

191

¿Qué preferirías: tener miedo a la oscuridad o a las alturas?

192

¿Qué prefieres: tener un comportamiento compulsivo o ser apático?

¿Qué preferirías: pasar toda tu vida en una silla de ruedas o tener que caminar con muletas?

¿Qué prefieres: ser anoréxico y pasar mucha hambre, o ser bulímico y vomitar todo lo que comes?

¿Cuál es tu preferencia política: liberal o conservadora?

196

¿Qué prefieres leer: el periódico o una revista?

197

¿Qué preferirías: ser médico y tener que atender a un paciente con una enfermedad terminal, o tener tú la enfermedad terminal?

198

Si la tira cómica «El Chavo del 8» fuera real, ¿con quién preferirías vivir: con don Ramón o con doña Florinda?

199

¿Para quién preferirías trabajar: para un programa espacial o para el FBI?

200

¿Cómo preferirías morir: en la guillotina o por fusilamiento?

201

¿Qué prefieres: vivir en un país que esté atravesando conflictos militares o económicos?

202

¿Qué preferirías: que una multitud te pisoteara en medio de un motín, o que un toro te atacara en una corrida?

203

¿A dónde prefieres ir de vacaciones: a una playa del Caribe o a las montañas nevadas de Bariloche?

204

¿Qué prefieres: que te conozcan como alguien racista o como traidor a tu país?

205

¿En dónde preferirías pasar un año: en un barco en altamar o en una estación espacial?

206

¿Cómo preferirías morir: congelado o quemado?

207

¿Quién hubieras preferido ser: Martin Luther King o «Mahatma» Gandhi?

208

¿Qué preferirías: descubrir oro o petróleo?

209

¿Qué preferirías: ver morir a un amigo en un accidente o a 20 personas que no conoces?

210

¿Qué preferirías: ser el dueño de un restaurante de McDonald´s y estar en una muy buena posición económica, o tener $100.000 dólares?

211

¿Qué preferirías: estar casado con alguien a quien no puedes ver o a quien no puedes oír?

212

Si tu país estuviera en guerra, ¿qué preferirías conducir: un tanque o un avión de combate?

213

¿Qué preferirías: mentirle a tu mamá o a tu esposo/a?

214

¿Qué prefieres: pasar una semana sin lavarte los dientes o sin bañarte?

215

¿Qué prefieres: ganar un certamen de ortografía o un concurso de oratoria?

216

¿Qué preferirías: bucear en una piscina de ácido o nadar en un pantano lleno de sanguijuelas chupa sangre?

217

¿Qué preferirías: vivir con dolor toda tu vida o morir en una semana?

218

¿Qué prefieres: tener la habitación desordenada o que los pisos de tu casa estén sucios?

219

¿Qué prefieres: tener 12 hijos o ninguno?

220

¿Qué preferirías: ser un basquetbolista famoso y morir a los 42 años, o vivir hasta los 90 sin nunca haber sido famoso?

221

¿Qué prefieres: armar un rompecabezas de 300.000 piezas o leer el diccionario de tapa a tapa?

222

¿Qué prefieres: comer tu comida favorita por el resto de tu vida, o una variedad de comidas que odias?

223

¿Qué preferirías: estar perdido en medio de la jungla o en el desierto?

224

¿Qué preferirías: que te obligaran a ver 5 horas de noticias en la televisión o renunciar a la televisión para siempre?

225

¿Qué prefieres: trabajar en algo que no te gusta y ganar $100.000 dólares al año, o en algo que te gusta y ganar $5.000?

226

¿Qué prefieres: haber sido adolescente en los años 50 o serlo en la actualidad?

227

¿Qué hubieras preferido: conocer a Leonardo da Vinci o a Cristóbal Colón?

228

¿Qué preferirías: ser hijo único o tener 10 hermanos?

229

¿Qué prefieres: usar ropa interior sucia o calcetines sucios?

230

¿Qué prefieres que hagan con tu cuerpo luego de morir: que te cremen o que te entierren?

231

¿Qué prefieres: el café o el té?

232

¿Quién preferirías que volviera de la muerte: Elvis Presley o John Lennon?

233

¿A quién preferirías conocer: al Chapulín Colorado o al Chavo del 8?

234

¿Qué prefieres: tener un trabajo que requiera esfuerzo o uno sencillo?

235

¿Cómo prefieres ser: tímido o extrovertido?

236

¿Qué preferirías: tener un auto BMW y ganar $10.000 dólares al año, o tener un auto sencillo y ganar $100.000?

237

¿Qué preferirías: perder tus 2 dedos índices ó 6 dedos cualesquiera de la mano?

238

¿Qué preferirías: que la gente te confundiera con Adolf Hitler o con Osama Bin Laden?

239

¿Qué prefieres: conducir 30.000 kilómetros en un auto de lujo ó 200.000 en uno sencillo?

240

¿Qué preferirías: recibir un premio de $120.000 dólares al año en un solo pago, ó 12 premios de $10.000, uno por mes?

241

¿Qué preferirías: que te cayera una bola de boliche de 10 kilos en el pie o agarrarte el dedo con la puerta del auto?

242

¿Qué preferirías: que tu mejor amigo te robara algo y luego tener que confrontarlo, o que simplemente algo se te desapareciera misteriosamente?

243

¿Qué prefieres: tener una casa enorme sin amoblar o una casa chiquita completamente amoblada?

244

¿Qué prefieres: admitir que le tienes miedo a algo o no decírselo a nadie?

245

¿Qué preferirías: tener dificultades para ver de lejos o de cerca?

246

¿Qué preferirías: hablar 7 idiomas de forma fluida y nunca salir de tu país, o viajar por todo el mundo pero no poder hablar con nadie?

247

¿Qué prefieres: no tener valores o no tener amigos?

248

¿Qué preferirías: quebrarte accidentalmente todos los dedos de las manos o una pierna?

249

¿Qué prefieres: que algunos se burlen de ti o que muchos te ignoren?

250

¿Qué preferirías: que a tu mejor amigo lo condenaran a prisión por 10 años o que te condenaran a ti por 2 años?

251

¿Qué preferirías: lesionarte un dedo en medio de un juego de baloncesto o un tobillo al caminar?

252

¿Qué preferirías ser: una tortuga o un caracol?

253

¿Qué preferirías: que te pisara un elefante o que te tragara una ballena?

254

¿Qué prefieres ser: un caricaturista o un columnista de deportes?

255

¿Qué hubieras preferido: conocer al escritor William Shakespeare o al pintor Miguel Ángel Buonaroti?

256

¿Qué prefieres: pisar una cáscara de banana o gelatina?

257

¿Qué prefieres: tener un buen amigo toda la vida o muchos amigos por periodos cortos?

258

¿Qué preferirías: no poder usar tus manos o tus pies?

259

¿Qué prefieres: golpearte la rodilla o el codo?

260

¿Qué prefieres: pintar las paredes de tu cuarto de color púrpura o amarillo fluorescente?

261

¿Qué preferirías ser: un conductor ebrio y matar a una persona, o el esposo de una mujer que mató un conductor ebrio?

262

¿Qué preferirías ser: una pelota de fútbol o de béisbol?

263

¿Qué prefieres: que se trabe entre tus dientes una semilla de maíz o una de guayaba?

264

¿Qué prefieres: comer hígado o seso?

265

¿Qué preferirías: diseñar asientos para sanitarios o tener que instalarlos?

266

¿A quién preferirías conocer: a Paul Mc Cartney o a Ricky Martin?

267

¿En qué lugar preferirías estar: en uno en donde el termómetro marcara 40 grados Celsius o en otro en el que marcara 10 grados bajo cero?

268

¿Cómo prefieres ser: lindo y estúpido, o feo e inteligente?

269

¿Qué preferirías: participar de un juego en las olimpíadas, o jugar en las ligas menores durante 15 años?

270

¿Qué preferirías: que te dieran $10.000.000 de dólares y estar exiliado de tu país, o quedarte en tu país pero sin un solo centavo?

271

¿Qué preferirías: perder a tu esposo/a o a alguno de tus hijos?

272

¿Qué preferirías: comerte un gusano o una cucaracha?

273

¿Qué preferirías: nadar en una cloaca maloliente o caminar sobre brasas de carbón encendido?

274

¿Cuánto prefieres pesar: 75 libras (35 kg) ó 350 (160 kg)?

275

¿Con quién prefieres casarte: con una persona hermosa que tiene mucho dinero pero es cruel, o con alguien feo y sin mucho dinero pero amable?

276

¿Qué preferirías: tener una mancha de nacimiento en la cara o no ser capaz de hablar con nadie?

277

¿Qué prefieres: ser músico o poeta?

278

¿Qué preferirías: ser un abuelo orgulloso o descubrir la fuente de la juventud eterna?

279

¿Qué prefieres: leer un libro o escuchar música?

280

¿Qué preferirías: tener todo el conocimiento acerca del universo o experimentar el amor?

281

¿Qué prefieres: pintar un dibujo con niños pequeños o hacer «grafitis» con los miembros de una pandilla?

282

¿Qué preferirías: eructar en público y que todos te escucharan, o eliminar un gas silenciosamente?

283

¿Qué prefieres: decirle a tu profesor de filosofía lo que crees y que se burle de ti, o quedarte callado y asentir con la cabeza a todo lo que él diga?

284

¿Qué prefieres: romper una promesa o el corazón de una persona?

285

¿Qué prefieres: ver un partido de fútbol en vivo en el que Leonel Messi anota extraordinariamente el gol del triunfo del campeonato mundial en el último minuto, o jugar al fútbol con tu padre?

286

¿Qué preferirías: vivir una vida llena de lujos o que te conozcan por tu generosidad?

287

¿Qué prefieres: tener una línea telefónica a través de la que puedes comunicarte y hablar directamente con cualquier persona, o hablar con el Creador del universo desde tu propio corazón?

288

¿Qué prefieres: dar o recibir?

289

¿Qué prefieres: encontrar tú la solución a un problema, o permitirle a alguien que ya lo pasó que te dé la respuesta?

290

¿Qué preferirías: vomitar o limpiar el vómito de otro?

291

¿Qué preferirías: decidir si debes –y cuándo– apagar el respirador que mantiene con vida a uno de tus padres, o esperar a que muera de forma inesperada?

292

¿Qué prefieres: caminar 2 kilómetros o correr 10 carreras de 100 metros libres?

293

¿Qué preferirías ser: una chica a la que le crecen bigotes, o un chico con voz aflautada?

294

¿Qué preferirías: morir lenta y dolorosamente, o instantáneamente en un accidente de automóvil?

295

¿Qué preferirías: tener la trayectoria de Marcos Witt o tener el corazón de la madre Teresa de Calcuta?

296

¿Qué prefieres: tener insomnio o pesadillas terribles?

297

¿Qué preferirías: encontrar una mosca en tu sopa o una babosa en tu ensalada?

298

¿Qué preferirías: tener un collar de diamantes y nunca poder usarlo, o un bonito collar sencillo que puedas usar?

299

¿Qué prefieres: tener un grano en la punta de la nariz o una ampolla en el pie?

300

¿Qué preferirías: caminar sobre carbones encendidos o acostarte en una cama de clavos?

301

¿Qué preferirías: ser un ejemplo positivo para el mundo aunque seas desconocido, o ser famoso y no hacer nada significativo?

302

¿Qué prefieres: vestirte como tus padres o actuar como ellos?

303

¿Qué prefieres: hacerte una perforación y ponerte un aro en el ombligo o en la ceja?

304

¿Qué preferirías: perder accidentalmente el dedo pulgar o el índice?

305

¿Qué prefieres: comer comida de perro o de gato?

306

¿Qué preferirías: tener una apariencia normal y poder ver, o ser la persona más hermosa del planeta pero ciega?

307

¿Qué prefieres: tener cejas gruesas que se unen entre ellas o vellos largos en la nariz?

308

¿Qué preferirías: ser una de las personas que sobrevivió en los campos de concentración nazi en la Segunda Guerra Mundial, o una de las personas que trabajó en esos campos?

309

¿Qué preferirías: tener orejas enormes o problemas de audición?

310

¿Qué preferirías: tener un hijo con alguna discapacidad o nunca ser padre?

311

¿Qué prefieres: no poder entrar a tu auto o a tu casa?

312

¿Qué preferirías: trabajar en un hospital psiquiátrico por un año gratuitamente, o que te internaran en ese hospital por 6 meses?

313

¿En dónde preferirías vivir: en un lugar en el que te murieras de hambre o en uno en el que la alimentación básica consistiera en seso de monos y gusanos?

314

¿Qué prefieres: atravesar un serio cuadro de picazón en los pies o en las axilas?

315

¿Qué prefieres: pagar tus deudas, o declararte en bancarrota y no pagarlas nunca?

316

¿Qué prefieres: despertarte a las 2 de la mañana por un llamado telefónico o porque alguien toca a tu puerta?

317

¿Qué preferirías: ser el padre de un adolescente rebelde o de un niño sordo?

318

¿Qué preferirías: haber conocido a Jesús en persona y estar con él 4 horas, o viajar con el apóstol Pablo durante 3 años?

319

¿Qué prefieres: saltar a la cuerda o hacer volar una cometa (barrilete)?

320

¿Qué prefieres: ver un juego deportivo por televisión o en vivo?

321

¿Qué preferirías: ir de vacaciones a un hotel cinco estrellas con todo pago pero en tu misma ciudad, o ir de «mochilero» a Hawái?

322

¿Qué preferirías: tener visión de rayos X o la habilidad de leer la mente de las personas?

323

¿Qué preferirías: tener una cola como la de un mono o bigotes como los de un gato?

324

¿Qué prefieres: dormir sobre sábanas de algodón o de raso?

325

Si te ofrecieran estar en la televisión, ¿en qué programa preferirías salir?

326

Si te perdieras al manejar un vehículo, ¿qué preferirías: buscar en tu propio mapa, o detenerte y pedir ayuda a los demás?

327

¿Qué prefieres: podar un árbol o desmalezar un jardín?

328

¿Qué preferirías ser: un empleado de limpieza en Disneylandia o el gerente en una empresa de comidas rápidas?

329

¿Qué prefieres usar: papel higiénico de doble o de simple hoja?

330

¿A quién preferirías conocer: a Pelé o a Maradona?

331

¿Qué preferirías tener: una úlcera dolorosa en la boca o una catarata en uno de tus ojos?

332

¿Qué prefieres: memorizar toda la tabla periódica de elementos (química) o poder identificar 50 constelaciones (astronomía)?

333

¿Qué prefieres ver: el programa infantil cuyo protagonista es Barney o Plaza Sésamo?

334

Si pudieras irte de travesía por tu país, ¿en qué preferirías ir: en bicicleta o en tren?

335

¿Qué preferirías que te pasara: estornudar o tener hipo durante una hora?

336

¿En dónde preferirías vivir: en el país de las maravillas (de Alicia) o en Narnia?

337

¿Qué prefieres: tener un compañero de cuarto que ronca o uno que habla dormido?

338

¿Qué preferirías: que se te pinchara una cubierta en medio de la autopista o quedarte sin gasolina en medio del desierto?

339

¿Qué prefieres: que te pique una abeja o 10 hormigas?

340

¿Qué preferirías: no poder dormir debido al ladrido de un perro o al ruido que hace el viento?

341

¿Qué preferirías: que te quedara un vegetal entre los dientes luego de comer o que te asomara algo por la nariz?

342

¿Qué preferirías: darte cuenta de que tu pareja te fue infiel o nunca darte cuenta?

343

¿Qué preferirías: tener un 3er ojo o los pies como los de un pato?

344

¿Qué prefieres: enseñar la Biblia a un pequeño grupo o ser un miembro del grupo?

345

¿Qué preferirías: tener una casa propia de ensueño pero con muebles de segunda mano, o alquilar un pequeño apartamento y tener los mejores muebles del mundo?

346

¿Qué capacidad preferirías tener: la de correr o la de volar más rápido que el sonido?

347

¿Qué prefieres: caminar bajo una escalera o que se te rompa un espejo?

348

¿Qué preferirías: ponerte los calcetines o la camiseta sucia de alguien?

349

¿Qué preferirías: ver tu película favorita 7 veces seguidas o una película muy mala una sola vez?

350

¿Qué prefieres: morderte la lengua o quemártela?

351

¿Qué preferirías: vivir con la familia Simpson (serie de televisión) o con los Locos Adams (terror)?

352

¿Qué prefieres: ir a una consulta médica a que te revise un proctólogo (si eres varón) / ginecólogo (si eres mujer), o ir a un psiquiatra?

353

¿Qué preferirías: tener una cita con una persona que tu mamá escogió por Internet, o tener una cita a ciegas?

354

¿Qué prefieres comer: paté o caviar?

355

¿Qué prefieres: ser querido por los demás, o ser feliz y no tener amigos?

356

¿Qué prefieres: pagar una cifra mayor a la correspondiente por tus impuestos y que no te devuelvan nada, o engañar al declarar la cifra y que te den un enorme vuelto?

357

¿Qué preferirías: vivir una larga y aburrida vida, o vivir intensamente y morir joven?

358

¿Cómo prefieres ser: de baja estatura y extrovertido, o alto y tímido?

359

¿Qué preferirías: ser rico y estar solo, o pobre y tener muchos amigos?

360

¿Cómo preferirías vestir: con un pantalón elegante y zapatillas deportivas, o con pantalones cortos deportivos y zapatos de vestir?

361

¿Qué preferirías: ir a la cárcel o ser secuestrado por extraterrestres?

362

¿Qué preferirías: amar aunque perdieras a tu amado/a, o nunca haber amado demasiado?

363

¿Qué prefieres ser: granjero o político?

364

¿Qué preferirías: viajar por el espacio o vivir bajo el mar?

365

¿Qué preferirías: vivir con miedo o morir con valentía?

366

¿Qué prefieres: intentarlo todo y fracasar, o intentar una sola cosa y tener éxito?

367

¿Qué prefieres hacer: pintar o nadar durante 10 horas?

368

¿Qué prefieres: que te mientan y no te enteres, o tener que mentir para vivir?

369

¿Qué preferirías: perder una pierna o a un ser querido?

370

¿Qué prefieres: que se pierda tu mente o tu alma?

371

¿Qué prefieres: quedarte ciego o sordo?

372

¿Qué prefieres hacerte en el cabello: una permanente o raparte por completo?

373

¿Qué prefieres: quedarte en un solo lugar toda la vida o viajar por el mundo sin establecerte nunca en ningún lugar?

374

¿Qué prefieres: quedarte calvo o que tu cabello se llene de canas?

375

¿Qué prefieres: conducir un auto y tener muchos accidentes, o nunca manejar?

376

¿Qué prefieres: ser estudiante o profesor?

377

¿Qué prefieres: dar tu tiempo o tu dinero?

378

¿Qué preferirías: hablar con el presidente de los Estados Unidos o con el Dr. Luis Palau?

379

¿Qué prefieres: amar a tus amigos o que tus amigos te amen a ti?

380

¿Qué prefieres: ayudar o ser ayudado?

381

¿Qué prefieres: reír o hacer que otros se rían?

382

¿Qué prefieres: que un amigo se convierta al cristianismo a través de tu ejemplo, o que se conviertan 20 desconocidos mediante tu predicación?

383

¿Qué prefieres: tomar la santa cena o cantar canciones de adoración?

384

¿Qué prefieres: cuidar a una persona anciana o a un bebé?

385

¿Qué preferirías: quedarte en un solo lugar y tener muchos amigos, o viajar por todo el mundo y tener pocos amigos?

386

¿Qué prefieres: trabajar esforzadamente para ganar dinero y poder comprarte aquello que quieres, o que te den el dinero sin trabajar?

¿Qué prefieres: cultivar tu propio jardín y poder comer los vegetales que cosechas, o comprarlos en una verdulería?

¿Qué prefieres: cuidar animales o personas?

¿Qué prefieres: poder comer todo lo que quieras y no engordar, o tener un talento maravilloso?

¿Qué prefieres: evitar los riesgos y aventuras, o ir en su búsqueda?

391

¿Qué prefieres: encubrir tus problemas, o sacarlos a la luz e intentar resolverlos?

392

¿Qué prefieres: escalar una montaña o leer una buena novela?

393

¿Qué prefieres para tu vida: alcanzar muchas metas o divertirte?

394

¿Con quiénes prefieres pasar más tiempo: con tu familia o con tus amigos?

395

¿Prefieres bañarte en una tina o en una ducha?

396

¿Qué prefieres: ser de gran influencia para los demás o ser grandemente influenciado por ellos?

397

¿Qué prefieres: perdonar o ser perdonado?

398

¿Qué prefieres: ser un buen atleta o un buen académico?

399

¿Qué prefieres: ir a la iglesia todos los días durante 2 meses o faltar a tu grupo de jóvenes 6 meses?

400

¿Cómo prefieres ver tu serie favorita de televisión: solo o con amigos para poder burlarte de las malas actuaciones?

401

¿Qué preferirías: ver a tu papá leer una revista para adultos o colorear un libro infantil?

402

¿A quién preferirías darle dinero: a un amigo o a un extraño?

403

¿Qué preferirías: hacer tú el ridículo o que tus padres te avergonzaran en público?

404

¿Qué prefieres comer: espinacas o hígado?

405

¿Qué prefieres: paté de hígado de pato o un finísimo queso muy oloroso?

406

¿Qué preferirías que te sucediera: olvidar tu cartera con dinero en el centro comercial o tu tarea en la escuela?

407

¿Qué prefieres: que te invite a salir un chico que no te gusta o que te deje plantada el chico que te gusta?

408

¿Qué preferirías: ser el peor jugador del equipo campeón o la estrella del peor equipo?

409

¿Qué preferirías: usar ropa interior que te quedara chica o que estuviera llena de agujeros?

410

¿Qué prefieres: no aprobar el examen para entrar a la universidad o no aprobar el examen de manejo?

411

¿Qué prefieres: tener hambre o sed?

412

¿Qué prefieres: no tener televisión o equipo de música?

413

¿Qué prefieres: conocer al presidente de tu país o a Madonna?

414

¿Qué prefieres: ser el hijo menor o el mayor?

415

¿Qué prefieres: manejar un lujoso auto deportivo o que te lleve un chofer en una limusina?

416

¿Qué preferirías: ser el único cristiano en una fiesta mundana o el único inconverso en un estudio bíblico?

¿De qué preferirías trabajar: de repartidor de pizzas a domicilio, o de partero en un hospital y recibir a los bebés que nacen?

¿Qué prefieres: dar tu testimonio frente a tus amigos o frente a extraños?

¿Con quién prefieres ir a una reunión de padres y maestros: con tu papá o con tu mamá?

420

¿Qué preferirías: ganar la copa en el mundial de fútbol o el premio Nobel de la paz?

421

¿Qué prefieres ver en la televisión: una serie para toda la familia o una infantil?

422

¿Qué hubieras preferido: asistir a la última Cena junto a Jesús y los discípulos, o ser uno de los que descubrieron la tumba vacía de Jesús?

423

¿Qué hubieras preferido: almorzar con Judas o con Juan el Bautista?

424

¿Quién preferirías ser: Harry Potter o el capitán Jack Sparrow de «Piratas del Caribe»?

425

¿Quién preferirías ser: el presidente de Haití (uno de los países más pobres y necesitados del mundo) o el presidente de APPLE (compañía multimillonaria de computación)?

426

¿Qué prefieres: leer un buen libro o ver una buena película?

427

¿Qué preferirías ser: el fotógrafo de una revista de deportes o el de una marca de ropa interior fina de mujer?

428

¿Qué preferirías: quedar atrapado en un elevador (ascensor) con Forrest Gump o con Smigel (personaje de «El Señor de los anillos»)?

429

¿Qué preferirías: distribuir literatura cristiana en el aeropuerto o trabajar en un puesto callejero de comida rápida?

430

¿Qué prefieres: que la gente te necesite o que te quiera?

431

¿Qué preferirías: descubrir la cura para el cáncer o para el SIDA?

432

¿Qué prefieres: estudiar o trabajar?

¿Qué preferirías: ser atropellado por un auto sin la posibilidad de volver a caminar, o ser el conductor que atropella y mata a un desconocido?

434

¿Qué prefieres: tener pie de atleta o caspa?

435

¿Qué prefieres: que la gente no te entienda o que no te hable?

¿Qué prefieres: ganar por hacer trampa o perder por jugar de forma honesta?

437

¿En dónde prefieres trabajar: en un campo cultivando con tus manos, o en una oficina sentado en un escritorio?

438

¿Qué prefieres: que descubran que haces trampa o que mientes?

439

¿Qué prefieres: ser gracioso o amable?

440

¿Qué prefieres: no tener casa o no tener amigos?

441

¿Qué prefieres: tener un trabajo que te deje bastante dinero pero en el que debas viajar mucho, o un trabajo con un salario menor pero sin tener que viajar?

442

¿Qué preferirías: nacer ciego pero con un 50% de posibilidad de volver a ver, o quedarte ciego a los 10 años sin jamás poder volver a ver?

443

¿Qué prefieres: ser pobre o estúpido?

¿Qué prefieres: tener buenas notas y una mala reputación, o malas notas y una buena reputación?

¿Quién preferirías ser: el Papa o el presidente de los Estados Unidos?

¿Quién preferirías ser: Superman o Batman?

¿Qué preferirías ser: químico o librero?

448

¿Con qué preferirías mancharte la ropa: con queso de rallar derretido o con aderezo de queso blanco con cebolla?

449

¿Qué prefieres: sentirte libre o ser libre?

450

¿Qué preferirías: estar rodeado de arañas o de serpientes?

451

¿Qué prefieres: escuchar a alguien reventar los globos de su goma de mascar o sonarse los dedos?

452

¿Qué prefieres: rayar una pizarra de tiza con tus uñas o morder un papel de aluminio?

453

¿Qué prefieres: tener lombrices en el estómago o piojos en el cabello?

454

¿Qué prefieres: tener acné en el rostro o verrugas en las manos?

455

¿Qué prefieres: tener dolores de cabeza o dolores de estómago a causa de gases?

¿Qué prefieres: tener un ataque de estornudos o de bostezos?

¿Qué prefieres: vender ropa vieja de casa en casa, o trabajar en una fábrica de producción haciendo lo mismo todo el día?

¿Qué preferirías: tener una vida difícil pero poder ayudar a muchos, o tener una vida feliz, sin preocupaciones, pero sin hacer nada significativo?

459

¿Qué preferirías: ser traicionado por un amigo o que un extraño te golpeara?

460

¿Qué preferirías: usar peluca o dentadura postiza?

461

¿Qué prefieres: tener problemas de transpiración y que tu camisa esté siempre mojada, o exponerte a una broma en la que debes mostrar tu ropa interior?

462

¿Qué preferirías: caminar 5 kilómetros a la escuela todos los días, o que tus padres te llevaran y te dejaran en el colegio pero en un auto horrible y viejo?

463

¿Qué preferirías: que alguien te pagara toda la carrera en la universidad pero no pudieras escoger qué estudiar, o tener la posibilidad de escogerla tú pero tener que pagarla?

464

¿Qué preferirías: que te pusieran en la prisión por algo que no hiciste o que encarcelaran a otra persona por algo que tú hiciste?

465

¿Qué prefieres: seguir respondiendo estas preguntas o enviar nuevas preguntas a Especialidades Juveniles para que pueda publicar la 2° parte de: Preguntas Provocativas?

Envíalas a:
info@especialidadesjuveniles.com
Página web:
www.especialidadesjuveniles.com

BIBLIA PARA EL LÍDER DE JÓVENES

Nueva Versión Internacional

ILUSTRACIONES
INOLVIDABLES

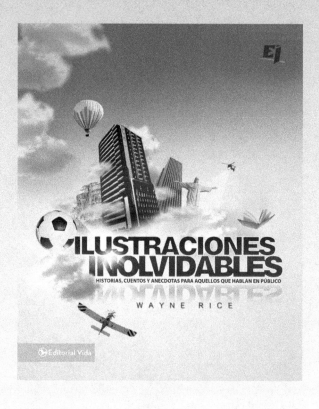

LÍDERES
POSMO

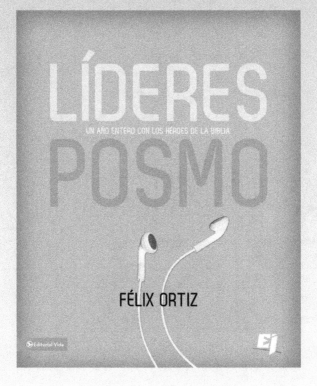

LECCIONES BÍBLICAS CREATIVAS

Para líderes que quieren lo mejor para sus jóvenes

LECCIONES

Bíblicas Creativas

12 lecciones

☑ Material de enseñanza bíblica contemporáneo y fácil de adaptar

☑ Para grupos juveniles, reuniones de jóvenes, grupos en casa y clases de Escuela Dominical

LOS PROFETAS

12 lecciones para desarrollar un carácter firme

Esteban Obando y Rafael Zelaya

Editorial Vida

Especialidades
Juveniles.com presenta

BIBLIOTECA DE **IDEAS** *Ej*
de Especialidades Juveniles

campamentos
para refrescar tu ministerio

BIBLIOTECA DE **IDEAS** *Ej*
de Especialidades Juveniles

dinámicas de integración
para refrescar tu ministerio

BIBLIOTECA DE **IDEAS**

eventos especiales
para refrescar tu ministerio

BIBLIOTECA DE **IDEAS** *Ej*
de Especialidades Juveniles

promoción y levantamiento de fondos
para refrescar tu ministerio

BIBLIOTECA DE **IDEAS** *Ej*
de Especialidades Juveniles

juegos
para refrescar tu ministerio

BIBLIOTECA DE **IDEAS** *Ej*
de Especialidades Juveniles

reuniones creativas
para refrescar tu ministerio

BIBLIOTECA DE **IDEAS** *Ej*
de Especialidades Juveniles

rompehielos
para refrescar tu ministerio

BIBLIOTECA DE **IDEAS** *Ej*
de Especialidades Juveniles

teatro
para refrescar tu ministerio

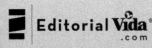

Editorial **Vida**®
.com

Disponible en el
App Store

Android Market

si trabajas con jóvenes nuestro deseo es ayudarte

EJ Especialidades Juveniles.com

Nos agradaría recibir noticias suyas.
Por favor, envíe sus comentarios sobre este libro
a la dirección que aparece a continuación.
Muchas gracias.

Vida@zondervan.com
www.editorialvida.com

Printed in the USA
CPSIA information can be obtained
at www.ICGtesting.com
LVHW020858210724
785408LV00006B/34

9 780829 761771